# Volte-face
# suivi de
# Parachutes

**Adrien Sabadel**

# Volte-face suivi de Parachutes

*Recueil*

LE LYS BLEU
ÉDITIONS

ISBN : 979-10-377-5582-7

# Volte-face

*Recueil & Carnets d'artiste*

## Thank you for the roses

Tu restes calme. Récite ta messe,
Dans mon dos tu te fous… de ma gueule, de ce qui s'est passé,
T'es rincé ; et tu croyais pouvoir discrètement me rosser,
Merci pour les roses,
Merci pour les roses,
Merci pour les roses,

J'en pique une, je m'érafle,
C'est comme ça qu'on se décore avec les épines,
Moi j'ai pas peur que ta mère le voie,

Je saigne un peu. J'aime bien.
J'ajoute un coquelicot que j'écrase sur ma peau,
Pour le joli rouge écarlate,
Merci pour les roses,
Merci pour les roses,
Merci pour les roses,

Les gens qui m'aiment croient que je vais mieux,
Les autres croient que je fais de mon mieux.
Miroir ; regard perdu, vide, main sur la queue
J'arrête de fumer mais j'garde du feu.
Coupé.
Tournez.

Laisse-moi un peu de jeu,
Oui je veux juste voir de plus près la joie,
Et m'offrir une peinture de super-Jésus,
Ou un gun, un colt python que j'ai vu à la TV,

Mais où t'étais toi ?
Où t'étais toi ?
Tu sais pas qu'on avait besoin d'toi alors ?
On a appris à s'passer d'toi et main'tnant tu r'viens !

Tu vas nous faire mal au ventre encore ?
Dois-je te haïr par avance pour ton prochain départ ?
En tout cas merci pour les roses,
Merci pour les roses,
Merci pour les roses.

## Mélanie

Mais la nuit, Mélanie
Me crée des scandales secrets
Me jette aux orties, aux feux sacrés
Et ce sans le moindre discours

Elle jacte le sucré-salé
Décrète que j'la joue marginal, même pas mal
Quand elle me tient en joug
Je m'exécute et tends l'autre joue

Le clip je le cute quoi que ça me coûte
J'me décarcasse pour la désaper
Mais c'est pas pour c'soir, c'est pas pour c'soir
C'est pour jamais

Mais la nuit, Mélanie
Me cible et me colle des mélanges
Qui m'envoient aux anges des années folles
De cela je ne relève rien d'étrange

Elle fredonne des mélodies
Qui laissent penser qu'elle a compris que rien ne me
dérange Bien planquée derrière sa frange
C'est elle-même qui voudrait que j'l'étrangle.

Mais sa voix elle précise : interdit que j'la sample
J'ai beau être souple, rien n'est jamais simple
J'crois qu'j'ai pas d'place près d'elle ou sans elle,
Qu'est-ce que tu veux qu'j'y fasse ?

Mélanie je me livrerai
Quand la cavale des voix se sera calmée, aura dévalé
Que j'aurai ravalé ce visage ravagé
Qu'on aura délivré la liste des faux fous trop acclamés

Il est pas né celui qui va m'spoiler la fin de l'année
M'empêcher d'prendre des nouvelles des damnés
Chapatania Mélanie
Pour nos émeutes intimes que j'ai soumises en scène

Je sais plus si j'écris c'que je crains ou si j'crains c'que j'écris
En tout cas j'crie dans un écrin que Mélanie c'est le haras de Cracovie,
Elle sait qu'tous trois ne sommes pas à l'abri d'une idée géniale
Mais que prit par la dalle on ne fera queue dalle.

## Saoulé Tropiques

Mélanie feignant la folie justifie ses fantasmes et
m'affuble de toute forme de nom d'oiseaux d'Afrique.
Je devrai m'efforcer de fuir mais tout effort est vain, elle
affame mes féeries phalliques à m'en rendre amnésique.
Je suis déjà fêlé mais elle m'entraîne de par ses facéties
retors de la serrure de son âme aux fins fonds de ses
fesses tyranniques.
Moi, paumé, sans fard, m'éloigne des fanfares festives
pour n'exister plus qu'en les souffrances qu'elle
s'inflige, le poison qu'elle instille, sa parole tragique.
En filigrane je lis que sur la sueur de mon front elle
compte les grammes que nous pourrions fumer facile
sous les tropiques.

Elle enferme en son for des phénomènes physiques sur lesquels je n'ai pas d'emprise, en lesquels je m'enlise, qui la rendent exotique.
Elle fomente des coups de Trafalgar et laisse là ma semence éparse, allergique au plastique, peu à peu elle m'intoxique.
Elle part fidèle à son amour pour la confrontation et menotte mes frustrations à son corps que je sculpte en colimaçon.
Elle se voudrait famélique et moi fragile colosse aux pieds d'argiles,
Elle me voudrait du style.

« Les rêves c'est pour le cinéma » dit-elle.
« Et nous ne figurons pas au générique du film »,
Assène-t-elle en clap de fin comme une claque autrefois
suspendue aujourd'hui black sur white

Endimanché comme d'un fanion
Débarrassé comme d'une chanson
T'es beau, t'es beau comme un camion
T'es beau mais qu'est-ce que t'es con...

« Nous n'irons nulle part mon amour
Et nous irons ensemble. »
Tristes tropiques,
Idylle atypique ou cas clinique ?
Été atomique.
Pour faire comme en Amérique.

## Marre de Mélanie

Quand Mélanie s'en mêle,
Elle le met dans le mille.
Elle ne ménage personne,
mélange des magistères et des ministères.
Sans faire de manières elle lève le mystère,

Trahie elle manie la mitraillette,
Démasque quelques maboules un peu trop mou.
Qui mentaient sur l'origine de leur mendicité ou sur le nom de leurs maîtresses.
Qui n'en a pas marre de Mélanie...
Mais qui se mouille autant ? Qui prend les paris ?

Il n'est rien qu'elle ne maudisse plus que la médiocrité,
Elle veut qu'on se donne les moyens de marier
Miséricorde et homicide.
C'est une véritable odyssée que la terre où elle nous mène.

Qui veut rivaliser ? Personne, personne !
Tu n'as plus qu'à cliquer, t'actualiser.
Qui n'en a pas marre de Mélanie...
Oui mais qui se mouille autant ? Qui prend les paris ?

À l'écouter elle mérite des monuments d'éloges.
Elle dit fais-moi l'amour, vole-moi la mort.
Dans la poudrière de ses yeux verts,
À bord d'un lit nuptial entre pétale et putes,

Comme dans un art martial,
Elle loue le ciel, le sien pas le tien,
Elle joue les ventriloques en disloquant les loques
qu'elle a localisées,
Elle en route... Et moi en rut.

Je n'peux plus rien faire de ma vie depuis Mélanie,
Il faudrait qu'on l'assassine au gré d'une nuit,
Il faudrait qu'on l'arrache à la racine, qu'on

l'empoisonne à la ricine,
Il faudrait qu'on lui suce la sève et qu'on s'en débarrasse, qu'on s'en désintoxique,

Il faudrait qu'à la vindicte on la désigne,
Mais c'est impossible, c'est impensable,
Elle t'empale si t'as le teint pâle ou mutin
Et paf elle te décoche une cymbale juste pour le symbole.

Jusque dans ta piaule elle te torgnole,
Pour la sainte symbiose de son système scénique,
Elle t'foutra sur la paille si t'y mets pas le feu.
Tu n'seras pas de taille si tu n'joues pas le jeu.

Nous devons être méthodiques,
Pour en venir à bout.

## Ta bouche

Sur ta bouche
Des plans qu'elle échafaude,
Pour démilitariser.
Comment réaliser
Qu'aucune case ne la concerne
Qu'il ne manque à son raisonnement aucune caserne ?

Tout ça part juste d'un été terne,
Faites monter les camions-citernes,
Et mon stock de café,
Et mon stock de café,

Mais moi comme j'suis un homme moderne
Je n'regarde que ta bouche
Mais moi comme j'suis un homme moderne
Je n'regarde que ta bouche

J'ai fait un bide au bidonville des nostalgiques.
Depuis, des milices se démènent
Pour dérober le trésor de mon abdomen.
Ils veulent me mettre à l'amende mais j'suis radar.
Alors comme fou j'me mêle aux masses maliennes,
Histoire d'sauver mon épiderme,

Des rayons lasers qui transpercent
Mon corps vagabond
Et proviennent des dieux sauvages que loge ta bouche.

Mais moi comme j'suis un homme moderne,
Je n'regarde que ta bouche.
Mais moi comme j'suis un homme moderne, je ne te dis rien.
Je n'regarde que ta bouche.

Sur tes hanches
Rien qui ne me branche,
Aucun brancard auquel s'accrocher.
Comment réaliser quand elle traverse
Qu'aucun sas ne la prosterne
Qu'il ne manque à son discernement aucune taverne ?

Tout ça part juste d'un triste été dans mon étang
Me laissant dans un sale état
Dévalisé,
Dévalisé,

Mais moi comme j'suis un homme moderne, un gars poli égalitaire
Bien ancré dans son millénaire
Je n'regarde que ta bouche
Je n'regarde que ta bouche, rien d'autre

Je n'regarde que ta bouche
Je n'regarde que ta bouche, promis
Je n'regarde que ta bouche
Ta bouche.

# Malade

Malade, malade
Malade.

Je suis malade et elle est folle,
Je suis malade et elle est folle.

Je suis malade depuis l'école,
Depuis le pont d'Arcole, depuis l'alcool,
Je suis malade j'en fais commerce,
Pour faire comme elle et ses commères.

Je suis malade tu ne l'es pas ? C'est bien dommage
Car cela me donne bien des droits
Tu peux m'croire j'me prends pour le roi.
Si l'on n'me comprend pas au moins l'on ne m'en veut pas.

Je suis malade depuis Schéerazade,
Je suis malade cela m'éloigne,
Je suis malade cela n'est moi mais c'est ma loi,
Je suis malade cela me noie.

Je suis malade et elle est folle
Elle gueule, elle est pas contente.
C'qu'elle veut c'est être payée comptant,
C't'un cas tétrahydrocannabinol carabiné.

Je suis malade et je m'esclaffe,
Des préoccupations Madrilènes.
Je suis malade et j'le balade sur les estrades,
Faut t'accrocher pour qu'on m'extrade,

C'est pas extra c'est même risqué
Déjà j'm'occis mais aussi j'raque.
Je suis malade je suis pas stable
M'envoie pas de carte postale,

Y a qu'dans le sable que je m'installe
Sentimental perdu en un sentier mental
Je suis malade et je parade,
Je pars à deux Malade, malade,

Malade
Je suis malade et elle est folle,
Je suis malade et elle est folle,
Je suis malade et elle est folle.

## Pourquoi tu pleures ? Pourquoi tu ris ?

Pourquoi tu pleures ?
Faute d'amulette,
Pour guérir ton âme muette,
J'ai des allumettes,
Pour sécher nos larmes distraites.

## De braise et d'eau

S'il le faut j'écrirai de mes ongles
Jusque dans les angles,
Pour éviter les algues noires de la mémoire,
Et si les anges,
Dans quelques robes oblongues viennent s'allonger,
Je les cueillerai comme on cueille les illusions de lierre
qui grimpent sur les dortoirs,

En souvenir de nos illusions,
Nous saurons, sûr, les recevoir,
Et tu pourras leur dire,
Que j'ai jamais tourné de page,
Y a toujours de la place pour écrire,
Reste toujours un peu de marge pour y croire,

On commence à vieillir lorsque les rêves tapinent,
Et moi je ne risque pas de sortir,
Ce soir il pleut des tombes,
Je ne veux pas d'une mort fine,
Merci pour les roses de braises, merci les roses fanées,
Merci pour la braise.

## Solitude & Cigarillos

Entre solitude et cigarillos,
J'joue les blessés,
Mes yeux sont dans l'miroir,
Où j'les ai laissés,
Mes jours heureux sont dans l'couloir,
Où tu m'as rossé,
J'ai fait des vœux des soirs,
Puis les déesses, bien arrosé, j'ai désossé,
C'est pas facile tu sais l'incertitude,
C'est pas facile des fois la solitude,
Il n'y a que sous tes cils de jais,
Que j'trouve ma latitude,
J'ai mal au foie et ce malgré l'habitude,
Entre solitude et cigarillos,
C'est pas bien mais qu'est-ce que c'est bon,
Le souvenir,
C'est pas bien mais qu'est-ce que c'est bon l'excès,
De souvenirs,

Il n'y a que mes crimes que j'passe au crible,
Du moins ce que j'en ai su,
Il n'y a que mes tripes que j'passe aux rimes,
Du moins quand je n'en veux plus,
Pourquoi j'irais tisser des liens,
Puisqu'avec toi bien qu'affiné, caféiné, ça s'est fini,

Entre solitude et cigarillos,
C'est pas bien mais qu'est-ce que c'est bon,
Le souvenir,
C'est pas bien mais qu'est-ce que c'est bon l'excès,
De souvenirs.

Entre solitude et cigarillos,
J'joue les blessés...

## Olympic, Britannic, Titanic

Tes hanches sont un navire,
Promis insubmersible,
Vaporeux souvenir à ma bouche sensible,
Mais déjà tu t'éloignes et deviens intangible,

Ton ombre intempestive,
Ton corps incorrigible,
Cambrure impérissable de tes cervicales,
Que j'aurai tant aimé servir encore mais je ne le puis,

Je te connais occulte,
Comme tu vois je me tais,
Quand le tonnerre ausculte,
Et qu'on a beau lutter,

Docile je te regarde,
Partir et j'oscille,
Je contemple ton dos,
Bijou inaccessible de la mélancolie.

## L’élégance

L’élégance,
C’est le flagrant délit de fuite en avance,
C’est dire qu’on ne peut plus s’approcher,
Sans la clef,

L’élégance,
C’est avoir sauvé en son cœur l’enfance,
C’est se mettre à l’abri sans avoir à,
Montrer les dents,

L’élégance,
C’est à travers une paire de gants,
Garder ceux que l’on aime dedans,
C’est comme d’avoir démissionné,

Avant de n’être,
Con-gédié,

L’élégance,
C’est le silence de la détresse,
Que l’on noue comme un duo de tresse,
C’est le souci de l’épice et du détail,
C’est le pays d’Alice qui suit le long du rail,

L'élégance,
C'est la fragrance méticuleuse,
À se fondre en ta nébuleuse,
Parfumer la nuit,
Par les voies les plus astucieuses,

L'élégance,
C'est la fraîcheur des mécaniques,
Nourrie au sein des poèmes méthodologiques,
C'est voiler le souk hispanique,
La mélodie mélancolique sous la sirène des flics,

L'élégance,
C'est le masque sur le sentiment,
C'est somnoler dans les diamants,
C'est un violon pour une violence,
C'est la distance due à un amour blessé quand on y pense,

L'élégance,
C'est la splendeur des encres de Chine,
Le raffinement des ombres opalines,
La dimension ressuscitée,
De ceux qu'on a déshabillés,
Le son des carrosses métalliques,
Qui sans caresses nous donne des leçons,
C'est la froideur tactique,
Des chaleurs implicites.

L’élégance,
C’est le charisme des humiliés,
C’est la terreur enluminée,
C’est de n’avoir plus peur,
Que d’être aimé.

## Tu ne dis jamais rien

Je te l'ai déjà dit,
Tu ne dis jamais rien,
Moi j'en dis sûrement trop, peut-être
Je m'envole, j'suis aérien
Puis j'attends. J'attends le dernier métro,

Je te l'ai déjà dit,
Tu ne dis jamais rien,
Je prends toute la place,
Je parle peut-être pour deux,
Je parle surtout pour rien,

Je te l'ai déjà dit,
Tu ne dis jamais rien,
Est-ce que des fois la nuit,
Tu dors pas toi non plus
Et t'y penses ?

Je te l'ai déjà dit,
Tu ne dis jamais rien,
Et si j'étais ton chat,
Tu me parlerais un peu quand il n'y a personne,
Tu me prendrais la main.

Je te l’ai déjà dit,
Tu ne dis jamais rien,
Et je ne comprends pas,
Ne sais-tu mieux que moi,
Quand on perd le contrôle ?

Tu ne dis jamais rien,
Je ne sais pas pourquoi,
Est-ce si difficile,
De traduire ce qu’on pense,

Tu ne dis jamais rien,
Est-ce que tes yeux compensent ?
Est-ce que t’en as rien à branler ?
Y a quoi dans cette carcasse,
Est-ce qu’elle veut trop me plaire ?

Tu ne dis jamais rien,
C’est pas la première fois,
C’est pas la première fois !
Quand j'ai peur je parle trop,
Et j’ai peur du silence.

## Cueillir

Le jour elle récupère,
Des écus, s'anime, cherche son écuyer,
Va cueillir celui qui pour l'accueillir à Kippour,
Voudra bien sans mot dire partir,
Et la laisser partir, partir,
Sans la maudire,

Elle mélange à ses litanies,
Des peintures de la Lituanie,
Elle a l'air étourdie dans son taudis,
Elle a l'air pas la mélodie, pourtant quand tu la vois,
elle t'a tout dit,

Elle aborde les jours de pluie,
Prête à bondir,
Elle y croit plus ton paradis,
Elle parade vers la sortie, elle te défie,

Et même si ça lui fait flic,
Même si ça lui fait flic,

Qu'importe elle s'infiltre, au porte-à-porte
Elle s'invite, elle veut qu'on filtre, elle t'emporte
Elle veut qu'on se filme, elle a envie, elle nous convie,
On se confie, elle a envie,

Qu'est-ce qu'elle veut à la fin,
Et qu'est-ce qu'elle dit ?
Puis où elle est aussi ?
Je n'en sais rien, je n'en sais rien

Et au fond qu'est-ce que j'y peux ?
Qu'est-ce que j'en crains ?
N'en reste un cri.

## Tu manques

Cette danse que j'aurais voulu faire avec toi, ce soir en Italie,
De ne pas être là maintenant, je t'attendais, qu'est-ce qui t'a pris ?
Et moi d'être encore là, aujourd'hui, qu'est-ce qui m'a pris ?

Tu me manques à la folie,
J'entends ces rythmes, ils ont changé, ils ont molli,
Et tes mollets ont disparu, évanouis,
Je les aimais pourtant… évaporés, ensevelis.

## Loin

Nous irons un jour ailleurs,
Causer littérature,
Amours perdus et guerres lointaines,
Comme si tout ça était déjà loin.

## Bizarre désert

Pour éviter de chuter trop bas j'ai parachuté,
Sur tes lèvres reines ma bouche sereine
Entre tes reins souverains, si rien ne vient,
Si rien ne vient, mon radeau irradié,
Saura se laisser guider,

J'envoie encore étrange missile sol-air,
Quelques volutes de fumée émanent du fond de ma rocking-chair,
Enfoncent nos luttes au plus profond de ma mémoire bizarre désert.

## Festival Aluna - Ruoms juin 2015

Une poussière dans l'œil
Ira dans l'oubli
Penche-toi
Mets plus fort
Fais trembler la case
Laisse aller
Il n'y a pas de mauvaises pensées
Il n'y a pas de mal sous les projecteurs
Et mordu la poussière, bascule en arrière
Mais regarde loin, perce
La marée et lui, personne ne sait vraiment où il va
Tu trouves que ça à l'accent du hasard
À l'instant
Là, juste à l'instant
Tu l'as vu ?
Tu la vois ?
Tu la verras
Est-ce que c'est fini ?
Je bouge encore pourtant

Laisse-moi partir
Elle semble dire
Je n'ai pas envie
Mais moi je ne peux pas.

Je ne peux pas c'est tout
C'est à vous étouffer
Tomber sans se relever.

## Sans titre 1

Son corps lascivement tangue sous mes yeux naufragés,
Mon regard ivre rêve déjà se perdre,
En les profonds abysses où son âme s'immisce,
Je n'avais d'autres ravins où je pouvais me vaincre,

C'est elle que j'ai choisie,
En amour comme en artillerie
Un jour faut faire,
Ses adieux à la nuit.

## J’ai un feu sur la langue

Sur la carte il y a,
Des mots dits pile pour les maudits,
Des valseuses et des transes,
Honni soit qui mal y pense,

Rien ne nous y prépare,
Rien ne nous y prépare,
Pourtant :
J’ai un feu sur la langue.

## 120 bpm

J'ai beau débiter,
Des mots, des poèmes démodés,
Sur des beats à 120bpm,
Je ne trouve rien, rien, rien,

Pour lui dire que je l'aime.

Je suis à jamais débutant,
Je ne sais comment habiter,
Les mots qui lui sont dédiés,
Je ne trouve rien, rien, rien,

Pour lui dire que je l'aime.

## Rester

J'entends les enfers,
J'y reconnais des voix,
Sillonner les déserts,
Pourquoi pas,

Mais rester,
Rester,
Tout ce temps sans toi, rester,
Je ne peux pas,

Rester,
Rester comme avant toi,
Rester tout ce temps sans toi, rester,
Je veux pas,

J'ai vu des hivers,
Nous brûler de froid,
S'il faut se perdre ensemble,
Tu peux compter sur moi,

Mais rester,
Rester,
Tout ce temps sans toi, rester,
Je ne peux pas,

Rester,
Rester comme avant toi,
Rester tout ce temps sans toi, rester,
Je veux pas,

J'ai pris des coups,
Payé le prix,
Devenir fou ou sage aussi,
C'est comme tu veux,

Mais rester,
Rester,
Tout ce temps sans toi, rester,
Je ne peux pas,

Rester,
Rester comme avant toi,
Rester tout ce temps sans toi, rester,
Je veux pas.

## Si je te disais

Et si je te disais,
Que dans les bras d'une autre je reste ton prisonnier,
Que de mon continent tu en es le pionnier,
Que de vouloir m'éloigner,
Je n'ai fait que tricher,
Que j'écrirais pour toi du fond de ma tranchée,
J'ai juré, j'ai juré,
Je ne connais pas de rêves enterrés,

Et si je te disais,
Que ce sourire est faux
Et que je suis malade,
Qu'il n'y ait de muraille,
Que l'amour n'escalade,
Ô baisers évanouis dans la nuit et le vent,
J'ai beau m'obstiner jamais je ne change de camp,
Je pense à toi souvent.

Et si je te disais
Que chaque femme a sur moi l'effet soporifique,
Ne me laisse pas errer sans ton or maléfique,
Conduis-moi par ce train,
Le tien, le mien,
Celui de tous les amoureux,
Celui de tout enfant du monde,
Celui de tout buveur de vin,

Et si je te disais,
Que depuis ton voyage la nuit, le jour, le temps qui passe je m'en balance,
Que depuis ton séjour les heures filent, défilent et que je ne prends pas d'âge,
Je sens déjà grincer les fers du cheval blanc,
Je sens déjà se tordre les nerfs de l'enfant,
Mon amie,
Je ne te l'ai pas dit, je pense à toi souvent,

Et si je te disais,
Que je ne suis pas à plaindre,
Que je suis empli de grâce,
Combien d'autres ici-bas ont su te rencontrer,

Non je ne me plains pas,
Je plains les pauvres misérables aux nuits arides,
Les âmes vagabondes,
Qui s’en vont demeurer sans ton ombre sur le monde.

C'est pour eux que j'ai froid, que j'ai le vide au ventre,
C'est pour eux que j'ai mal, c'est pour eux que je pleure,
J'ai pitié des badauds qui ne connaissent pas ton nom,
Tu ne les aimeras pas non, tu ne les quitteras pas non plus,
Ils ne sauront jamais dans la sobre illusion de leur équilibre,
Ce que c'est que l'ivresse et de devenir fou,
Ils ne sauront jamais la forme de tes joues, la chaleur de ton rire à retardement,
Ils ne sauront jamais le bonheur d'être à toi,

Et si je te disais,
Que c'est beau, que c'est pur, que cela devrait être réservé aux dieux,
Que de vivre en passion,
Que de t'avoir aimé à la sublime violence,
Je t'ai aimé à m'en vouloir crever d'absence,
En ce terrible amour, labyrinthe de l'errance,
C'est à toi que je pense les yeux au firmament,
Quand je défie le ciel en lui montrant les dents,

Un homme qui ne t'a pas vu au matin de sa vie,
Est dénué de magie, n'a que perdu son temps,
Je te dis mon amie en ce soir si lucide,
Garde-le pour abri,

Merci.

## Blessure

Randonneur égaré vers la porte aux diamants,
Carcasses en désaccord, grand écart évidemment,
Qu'est-ce t'as fait d'mes tilleuls ?
Citron givré cherche orange seule.

## Cinéma Maladie (Version 2)

Au cinéma d'ma maladie,
J'me cherche un angle paradis,
J'me fais des films,
Toujours en noir et blanc,
Quand tu rejoues la scène,
Que j'suis sur le banc.

## Vieux Lyon, février 2013

Il y avait de la suie sur toutes mes affaires,
De la suie et de la poussière.
Je fais comme si aujourd'hui c'était hier,
Les vestiges inhabités c'est tellement mieux pour se
faire la guerre.

# Parachutes

*Recueil & Carnets d'artiste*

C'est parce qu'ils ont des gendarmes, des boulots, des maisons,
Qu'ils sont civilisés, les robots de ma cité.

*

Quels que soient les villages, j'ai l'impression que les gars dans les bistrots sont les mêmes. À croire qu'ils se répartissent naturellement les rôles et qu'ils s'assurent de couvrir le territoire.

*

Les murs ont des oreilles. Je les écoute, ils me répètent tout.
Ils disent qu'ici on ne pleure pas et qu'on « n'en parle pas », on fait comme si.

*

J'aimerais te parler depuis le cœur de l'orage
J'aimerais te dire « je viens te chercher, »
J'ai à te donner.

*

Je suis discret, j'arrive sur la pointe des lèvres.

*

Je les rencontre pour savoir s'ils sont domestiques.

*

Je ne peux plus me voir,
Ça me rappelle trop toi,
Alors mon reflet je le brise,
Mon refrain je le déguise.

Tantôt je fais, tout pour t'oublier,
Puis plus tard, tout pour nous lier.

*

Ils m'ont dit « arrête de te plaindre, arrête de parler de toi, de parler de tes problèmes, c'est de la musique c'est pas une thérapie en public. T'étonne pas que personne n'aime ».
Mais moi je sais que ça n'a pas de prix, d'écouter une chanson et de se sentir compris. On est plus seul.

*

Je l'aime comme si je ne l'avais jamais vu.

*

Je_cherche_quelqu'un_quelque_part_.

*

Je lis des romans parce que je reconnais les différentes personnes que j'ai été et que je recherche la continuité qui me justifie. Je cherche une cohérence entre tout ce que je ressens dans les romans. Entre les multiples moi pourrais-je dire.

*

Incisif hein Sisyphe ?

*

J'aimerais ne plus écrire sur des tables de pierre mais des tables de chair, des cœurs ouverts.

*

Je verbalise mes sentiments sur microprocesseur.

*

On fait tout en série. Ikea fabrique en série. L'automobile se fabrique en série. Les ordinateurs. Les films. Tu m'étonnes qu'il y ait des tueurs en série.

*

Je l'ai noté pour m'inscrire dans une civilisation par ce geste.

*

Je me remémore mes remords.

*

Je l'ai noté pour y penser plus, pour me demander si c'est vrai.
Je l'ai noté pour prendre le temps de me demander si c'est vrai.
Je l'ai noté pour être celui qui note.
En notant j'ai commencé à devenir celui que je prétendais être
En notant j'ai commencé à devenir celui que je voulais être.
Je l'ai noté pour que cela me revienne.

*

Quand j'ai vu les rois que ce monde avait faits,
J'ai préféré être un rebut, j'ai préféré être défait.

*

Rêvez
Rêvez-vous
Révélez-vous
Relevez-vous
Et après
Réveillez-moi.

*

Comme les bots font du foin

*

Mais sur sa joue d'enfant, en secret elle pleure des larmes sucrées. Elle pense à ce qu'elle ne peut prendre en moi. Ce jour elle eut la laideur d'une déesse désolée. Comme un pantin qu'on aurait panthéonisé.

*

Avec les flics j'ai un succès fou,

*

Je vis dans un monde qui n'existe pas et c'est de là que j'écris.

*

Coucou, je suis vivant.

*

Comme s'il y avait quelque chose dans la musique qui n'aurait pas dû y être. Une vérité.

## Poème des limbes matinales

Je me hais
Tu me hais
Il me hait
Elle me hait
Nous me haïssons
Vous me haïssez
Ils me haïssent
Elles me haïssent.

## Idées 2

Je bois pour oublier que je n'ai plus personne avec qui boire.

*

Jeune désœuvré cherche engrenage créatif.

*

Pierre, feuille, papier, schizo.

*

Dans la canicule de l'angoisse, chercher à se mettre à l'ombre d'une chanson. Juste le temps d'un amour fou.

*

## Table des matières

Imprimé en Allemagne
Achevé d'imprimer en avril 2022
Dépôt légal : avril 2022

Pour

Le Lys Bleu Éditions
40, rue du Louvre
75001 Paris

www.ingramcontent.com/pod-product-compliance
Lightning Source LLC
La Vergne TN
LVHW052057160826
845678LV00015B/3276

* 9 7 9 1 0 3 7 7 5 5 8 2 7 *